Lb⁵¹ 4323

MÉMOIRE

SUR LE

MANQUE DE SUBSISTANCES

EN FRANCE,

Par M. J.-A. TOUCAS,

Membre du Comice agricole
et du Conseil de l'arrondissement
de Toulon.

APPROUVÉ ET PUBLIÉ PAR LE COMICE
AGRICOLE.

TOULON.

IMPRIMERIE DE F. MONGE ET COMP.,
RUE DE LA MISERICORDE, 6.

1847

COMICE AGRICOLE

De l'arrondissement de Toulon.

PROCÈS-VERBAL DE LA SÉANCE
DU 5 AVRIL 1847.

Le comice agricole de l'arrondissement de Toulon avait arrêté que le concours de charrues qui devait avoir lieu la deuxième fête de Pâques, remplacerait la séance mensuelle d'avril 1847.

Après avoir distribué aux lauréats les primes auxquelles ils avaient droit, les membres du comice présents à ce concours, se sont réunis ledit jour, 5 avril 1847, à la Craux d'Hyères, au nombre de plus de vingt, sous la présidence de M. Agarrat, vice-président; le bureau composé, en outre, de MM. Henri Laure, secrétaire honoraire; Mouttet, trésorier, et Pellicot, secrétaire.

M. J. A. Toucas, l'un des membres de la Société, ayant fait lecture d'un mémoire fort intéressant sur le manque de subsistances en France, le comice a voté à l'unanimité l'insertion de cet important travail dans son journal. Il a arrêté, en outre, qu'il serait fait un tirage extraordinaire de ce mémoire, et qu'il en serait adressé un exemplaire à MM. les ministres, les membres de la chambre des députés, aux autorités administratives, aux chambres et tribunaux de commerce de la contrée, afin d'arriver à déterminer en temps opportun, des mesures efficaces pour connaître annuellement les ressources alimentaires du royaume, et pourvoir à combler le déficit constaté.

MÉMOIRE

SUR

LE MANQUE DE SUBSISTANCES

EN FRANCE.

L'Europe occidentale se préoccupe avec effroi, des calamités dont on est menacé par le manque de subsistances.

En ne considérant que la France qui, malheureusement, a une large part de souffrances dans cette disette, nous trouverons que l'administration ne prend pas les moyens nécessaires pour connaître les ressources du pays.

Dans chaque commune, elle demande l'état des produits. Assez généralement, ces états sont dressés dans le cabinet sans autre document que des appréciations incomplètes. Sur ces indications erronnées, partant ainsi de la base, qui est la commune, et allant des communes, aux préfectures, et des préfectures au ministère, on établit le résultat des récoltes de céréales.

Il peut arriver encore que ces documents, n'inspirant pas une très-grande confiance, soient modifiés dans les bureaux, en les combinant avec des appréciations basées sur l'étendue des terres qui, en France, sont propres à la culture des céréales.

Et c'est ainsi que chaque année on établit la moyenne des ressources alimentaires du royaume.

Mais l'on comprend combien cette manière d'opérer est défectueuse. La triste expérience de cette année vient apprendre les cruelles déceptions qu'elle entraîne.

La sollicitude des hommes placés à la tête d'un grand État, tel que la France, avertie par la disette qui nous afflige, doit donc s'occuper des moyens de connaître d'une manière aussi précise que possible, les ressources annuelles du pays, afin de prendre en temps opportun, les mesures qui doivent pourvoir à ses besoins.

Il est incontestable que les besoins en subsistances augmentent dans la progression ascendante que présente la population du royaume. D'un autre côté, il n'est pas moins vrai qu'avec nos institutions actuelles, les produits de la terre diminuent en raison de cette augmentation de la population.

Le paradoxe que semble présenter cette dernière proposition disparaîtra si l'on réfléchit, comme nous l'avons exposé ailleurs, 1° que l'égalité dans les partages héréditaires établie par le Code civil, détruit la grande propriété; que sans grande propriété, point d'élève de bétail; que sans bétail, point d'engrais; que sans engrais, point de récolte; 2° qu'à mesure que la population augmente, la division des propriétés se multilie; que ce progrès de la division est tel, que le nombre des cotes de la contribution foncière, fixé en 1835 à 10,893,528 dont 5,205,411 au-dessous de 5 fr., s'élève aujourd'hui à plus de 12 millions, dont environ la moitié au-dessous de 5 fr.; 3° que dans des parcelles ainsi morcelées, on ne peut pas tenir une seule bête à engrais; 4° que la dépopulation des campagnes va toujours croissant, tandis que les grandes villes voient augmenter le nombre de leurs habitants.

De ce déclassement de la population, il résulte que partout on manque de bras pour la culture des terres; que l'agriculture s'appauvrit, et qu'il y a encombrement et malaise dans les grands centres de population et d'industrie.

Si, au manque de bras, au manque d'engrais, au

manque de capitaux, l'on ajoute la détérioration progressive du sol, qui en est la conséquence inévitable, l'on se convaincra de l'infertilité toujours croissante des terres du royaume et de l'impérieuse nécessité de veiller à la subsistance de ses habitants toujours plus nombreux.

En 1789, la population de la France était de 24 millions d'individus. Elle est de 35 millions d'après le recensement de 1846. Ainsi, la population s'est accrue de 11 millions en 57 ans, malgré les guerres meurtrières de la République et de l'Empire, le choléra, etc.

Pour une consommation moyenne établie officiellement à 2 hectolitres 58 par individu (elle est plus forte dans tout le Midi), il faut chaque année en France 90,300,000 hectolitres de grains pour nourrir les 35 millions d'habitants.

Tels sont nos besoins. Examinons nos ressources :

L'étendue des terres ensemencées annuellement en céréales en France était de 8,600,000 hectares, d'après les documents officiels publiés en 1828 (1).

La statistique générale de la France, publiée en 1844, porte à 13,900,262 hectares les terres propres à cette culture. Mais il ne faut en compter que la moitié, parce que la terre exige une année de repos

---

(1) *Moniteur* du 10 mai 1829.

ou d'alternat pour cette culture. Ainsi ce ne serait qu'environ 7 millions d'hectares qui seraient ensemencés annuellement, d'après ce dernier document.

On ne peut savoir jusqu'à quel point est fondée cette différence d'environ 1,600,000 hectares que l'on trouve entre les documents officiels de 1828 et ceux de 1844.

Une chose tout aussi inexplicable, c'est le chiffre résultant des deux statistiques récentes, pour la superficie des cultures céréales dans notre département du Var. La *Statistique générale* de 1844 les porte à 105,754 hectares, et la *Statistique du Var*, publiée par M. de Noyon en 1846 (1), à 84,312 hectares. Différence pour le Var, 21,442 hectares. Et encore faut-il dire que M. de Noyon, qui a établi ses chiffres sur les documents statistiques recueillis par l'administration dans le Var, prend soin de déclarer *qu'il ne saurait en garantir l'exactitude, et qu'à certains égards, les produits sont quelque peu exagérés* (2).

Malgré le peu de confiance que puissent inspirer ces documents statistiques, si peu d'accord entre eux, quoique revêtus d'un caractère officiel, il faut cependant adopter une base. En prenant la plus large, celle de 8,600,000 hectares résultant des documents

---

(1) Page 592.
(2) Note de la page 592.

de 1828, comme ensemencés annuellement, et en adoptant encore, d'après ces mêmes documents, une production moyenne de 12 hectolitres par hectare (1), on arriverait à une production normale de 103,200,000 hectolitres.

Si, de cette quantité, nous déduisons celle de 16,340,000 hectolitres pour la semence, à raison de 1 hectolitre 90 par hectare, le produit net annuel se trouve réduit à 86,860,000 hectolitres.

Il en faut 90,300,000 hectolitres par an, pour la subsistance des 35 millions d'habitants de la France, sans compter cette quantité considérable d'étrangers, touristes, émigrants ou autres, qui sillonnent la France, ni cette multiplicité de chiens, souvent plus dangereux qu'utiles, et qui sont l'objet d'une fantaisie bien regrettable dans les temps de disette.

Le déficit annuel serait donc d'environ 4 millions d'hectolitres qu'il faudrait demander à l'étranger.

Quelle que soit l'incertitude des bases de production sur lesquelles ces calculs sont établis, il ne paraît que trop démontré que le sol de la France est aujourd'hui insuffisant pour nourrir ses habitants. Cette vérité est rigoureuse; mais il faut la dire. Il y aurait trop de danger à se faire plus longtemps illu-

---

(1) Dans le Var, d'après M. de Noyon, la moyenne de 8 années n'a été que de 8 hectolitres 02. (Page 593.)

sion sur ce point. D'un autre côté, la cruelle expérience que l'on fait cette année, vient prouver toute l'importance de cette grave question du manque des subsistances, et l'impérieuse nécessité d'y remédier par des mesures promptes et énergiques.

Pour calmer les esprits, le *Moniteur Parisien*, organe du gouvernement, vient d'annoncer que d'ici à la récolte de 1847, l'Europe occidentale trouvera à s'approvisionner dans les ports du Danube, de près de 5 millions d'hectolitres de céréales, et qu'à Riga, après la débâcle de la Duna, on pourra en réunir environ 2 millions 1/2 d'hectolitres.

Eh bien! si elle n'avait pas d'autres ressources, la France, en recevant la totalité de ces immenses approvisionnements, y trouverait à peine pour trente jours de subsistances!

Cependant il y a lieu d'espérer qu'avec le secours de la Providence et au moyen des masses considérables de grains introduites en France et celles attendues de tous les lieux d'entrepôt et de production encore ouverts à la sortie des grains, nous aborderons la prochaine récolte, sans être exposés aux horreurs de la famine. Mais, dire au prix de quelles privations, de quels sacrifices pécuniaires, Dieu seul le sait!

Les privations, au foyer du pauvre et du travailleur, ne seront pas connues; le chiffre des sacrifices en argent de toutes les classes de la société, ne pourra pas être établi ; mais ce que l'on peut apprécier, dès aujourd'hui, c'est la masse énorme de numéraire que la France donnera à l'étranger pour le payement de ses grains.

Si, comme le publie le *Moniteur Parisien*, 4 millions d'hectolitres de grains étrangers ont été importés en France, du 1er juillet 1846 à la fin de février 1847, ce sont déjà 100 millions de francs qui ne rentreront plus dans le royaume, sans compter que 100 autres millions, au moins, auront le même sort pour les besoins de la campagne. Les trois derniers paquebots partis de Marseille pour le Levant, ont emporté 7,937,000 fr. en espèces. Le chiffre est officiel.

Et combien est accablante pour le Var la part du sacrifice qu'il aura à faire pour l'alimentation de ses habitants ! année commune, il dépense 10 millions pour les grains qui lui manquent. Cette année la dépense sera de 14 à 15 millions ! Et les huiles, sa récolte principale, ont manqué complètement !

Si pareil fléau nous assiége en pleine paix, que serait devenue la France si une guerre impitoyable eût mis obstacle aux arrivages des grains ?

Mais, ce n'est pas tout : n'est-il pas à craindre que l'année qui va suivre ne soit encore plus désastreuse que celle-ci, par la rareté des subsistances ? l'expérience du passé n'est pas rassurante sur ce point. Sans remonter aux temps bibliques, témoins de la grande disette de sept ans et d'autres plus anciennes, nous trouvons, dans nos récentes annales, qu'en 1766, la rareté des grains en fit augmenter le prix de 25 p. % ; cette hausse de 25 à 30 p. % se maintint les deux années suivantes, 1767 et 1768. — 1811 et 1812 offrirent encore des prix excessifs. — Il en fut de même il y a 30 ans, en 1816 et 1817, par suite de la grande sécheresse de 1816. Toujours, on le voit, une année de pénurie est suivie d'une ou de deux autres également pénibles. C'est que, lorsque les greniers sont épuisés et qu'il faut, pour ainsi dire, mordre aux premières gerbes, la récolte est presque toujours insuffisante, quelle que soit son abondance.

Devant ces rudes leçons du présent et du passé, il est de la sagesse et de la prévoyance de la haute administration de se prémunir contre le retour de ces grandes calamités, et de n'être pas pris au dépourvu comme cette année.

Il y a, tout d'abord, à prendre en sérieuse considération les différentes causes d'infertilité du sol de la France que nous avons sommairement indiquées. Mais, comme les améliorations de cette nature ne peuvent pas s'improviser ; qu'elles doivent être l'œuvre du temps et d'une immense entreprise de régénération agricole et morale, le devoir le plus pressant du gouvernement est de connaître le plus approximativement possible, le produit de la récolte qui doit servir à l'alimentation des habitants.

On s'expose à tomber dans l'erreur, si l'on établit les calculs de rendement sur les contenances cultivables en céréales. Le mode de culture étant libre, il subit des changements que la vigilance administrative ne peut pas toujours suivre. Dans une contrée, les terres *blatales* sont ensemencées en garance (1) ; dans une autre, en graines oléagineuses, en betteraves (2); ailleurs, elles sont converties en vignes, en prairies (3), etc. : enfin, et ceci est la preuve la plus évidente de nos misères agricoles, le plus grand nombre des agriculteurs sont réduits à la nécessité infiniment regrettable de limiter leurs semailles faute d'engrais, de bras ou de capitaux.

L'on doit donc renoncer à cet ancien mode de supputation, sous peine de tomber dans les plus cruelles méprises.

Le moyen le plus rationnel, le plus sûr qui se présente pour que l'administration soit informée des ressources territoriales, est celui que nous allons proposer. Il consiste :

---

(1) Dans le département de Vaucluse, etc.

(2) Dans divers département du Nord, de l'Est, etc.

(3) Dans le Languedoc dont les blés autrefois consommés dans le Midi, n'ont pu y soutenir la concurrence des blés étrangers et de ceux de la Bretagne.

1° A faire faire, en temps opportun, dans chaque commune du royaume, le relevé des quantités de céréales, pommes de terre et autres substances alimentaires qui ont été ensemencées (1);

2° Faire opérer pareil relevé, lorsque les récoltes sont rentrées ;

3° Au lieu d'être fait d'une manière incomplète, comme dans la pratique actuelle, ce travail de statistique devrait être confié à une commission de deux ou trois membres, hommes de pratique et d'intelligence, qu'on constiturait dans la commune.

Muni de ces documents qui formeraient le budget alimentaire du royaume, le ministère connaîtrait la masse des ressources du pays en subsistances, et il aurait le temps nécessaire pour pourvoir au déficit dont on serait menacé.

Toujours dirigées dans un but de conciliation des intérêts de notre agriculture avec ceux non moins sacrés des consommateurs, les mesures à prendre, en pareil cas, consisteraient :

1° A prohiber, avec plus d'opportunité et de discernement qu'on ne l'a fait, les exportations trop imprudemment tolérées en 1846, alors que le prix des céréales ne présentait que la moitié à peu près de

---

(1) Il serait encore temps de constater les dernières semailles.

celui auquel il nous faut les racheter aujourd'hui à l'étranger ;

2° A favoriser l'importation d'une manière plus rationnelle, plus uniforme, plus efficace que ne le comportent les tarifs actuels à échelle mobile ;

3° A encourager, par des primes, la culture des céréales ;

4° A empêcher toute tentative de coalition et d'accaparement sur les subsistances.

L'ensemble des mesures proposées et le concours des nombreux agriculteurs qui, cette année, par une sorte d'instinct, chez les uns, et dans un intérêt humanitaire dans les plus grand nombre, ont augmenté leurs semailles, font espérer que l'on sera exempt du redoutable fléau qui nous menace.

Si, par malheur et malgré toutes les prévisions humaines, la disette prenait trop d'intensité, il y aurait à organiser dans les communes la distribution des soupes économiques, d'après les procédés hollandais ou belges. Le coût de chaque portion ne dépasserait pas 10 c. au prix actuel des substances grasses qui composent ces soupes. Enfin, on aurait encore la ressource de substituer le riz à tout autre nourriture journalière, ou à mêler ce grain à la farine de blé, comme cela se pratiqua avec tant de succès en 1817 dans le département de la Moselle. Par ce moyen, la Lorraine fut sauvée de la famine et de l'épidémie qui la désolaient à cette époque de disette.

Mais, quoi qu'il arrive, les circonstances calamiteuses dans lesquelles nous nous trouvons et la triste révélation de l'insuffisance actuelle de notre sol, feront comprendre au gouvernement qu'indépendamment des mesures de haute administration à prendre pour assurer la subsistance des habitants, il en est une autre non moins importante, destinée à répandre avec célérité les subsistances dans toutes les parties de la France : c'est de compléter le plus promptement possible la ligne des chemins de fer qui doivent relier non-seulement le port de Marseille, mais encore celui de Toulon, à Lyon, à Paris, à tous les grands centres de population et aux lignes de fer existantes. Ces deux grands ports sont les aboutissants naturels des grains de la Mer-Noire, du Levant, de l'Egypte, de l'Italie, etc., dont les inépuisables entrepôts sont destinés, désormais, à approvisionner la France. Si cette ligne de fer eût été établie il y a six mois, quels immenses services n'eût-elle pas rendus pour le transport des grains, alors surtout que les grandes routes étaient défoncées et impraticables, et que, sans eau ou débordés, les fleuves n'étaient pas navigables ? ainsi le prix des grains était presque doublé par la cherté et la difficulté des transports, et la disette régnait et règne encore dans presque toute la France, lorsque dans ces deux grands ports du Midi, il y a ou constamment encombrement de subsistances dans les magasins et à bord des nombreux navires, se succédant sans interruption.

Ces circonstances peuvent se reproduire : sous ce rapport, encore, il y a urgence à établir les chemins de fer sur toute cette ligne de Toulon à Paris, pour n'être pas pris au dépourvu comme par le passé, et pour porter rapidement les subistances partout où le besoin se ferait sentir.

Qu'on se garde de croire aux sinistres présages de quelques esprits alarmés qui parlent de dérangements atmosphériques, de perturbations physiques, d'altération incurable dans la pomme de terre, etc. ! D'après les expériences répétées à de longs intervalles et dans toutes les régions du globe par les chimistes les plus célèbres tels que les Werne, les Cavendish, Gay-Lussac, de Humbold, et de nos jours, par les Dumas, les Boussingault, etc., la constitution de l'air n'a pas éprouvé de changement dans le cours des siècles. Il reste invariablement composé, dans sa pesanteur spécifique, comme il paraît l'avoir toujours été, de 23 parties de gaz oxigène et de 77 parties d'azote ou gaz hydrogène. Le principal agent de la fécondation des terres restant immuable dans sa constitution primitive, il dépend de l'homme de rétablir les conditions qui manquent aujourd'hui à l'agriculture, véritable source de la puissance et de la richesse des nations.

Ceci est la tâche des gouvernements. Pour eux,

comme pour les peuples, c'est une question de vie
ou de mort.

L'on est ébloui par le mouvement commercial, par
les progrès étonnants de notre industrie. Nous-même,
nous nous empressons de les reconnaître et de les
constater avec un sentiment réel d'orgueil national;
mais n'est-il pas à craindre que l'illusion produite par
cet immense mouvement commercial et industriel, et
dans laquelle on paraît se complaire, comme symbole
d'une prospérité toujours croissante, ne devienne
bien funeste? L'on doit examiner si, en l'état de nos
rapports au dehors, ce mouvement commercial, ces
progrès industriels aboutiront à la puissance et à la
richesse du pays, ou si, au milieu de cette fièvre des
affaires, la masse de la nation, qui se débat contre
des exigences fiscales toujours croissantes, ne gravite
pas plutôt vers la décadence, qu'à un état de prospérité réelle. La triste vérité qui vient de se révéler
sur l'insuffisance de nos cultures céréales doit éveiller
la sollicitude des hommes qui participent à l'action
gouvernementale. Ils reconnaîtront qu'il y a urgence
à rétablir l'équilibre dans les productions agricoles, et
à faire cesser cet état de perturbation capable de produire les conséquences les plus désastreuses; qu'enfin, d'un autre côté, il y aurait trop de danger à
rester à la merci des nations étrangères qui pourraient bien nous refuser un jour les secours alimentaires dont nous aurions besoin.

Trop préoccupés, souvent, de sentiments d'ambition ou d'intérêt privé, les hommes négligent parfois les règles que la Providence a établies pour la conservation des sociétés. Ses avertissements sont sévères... Qu'on ait la sagesse de profiter de celui qu'elle donne aujourd'hui! Il y va du salut commun.

Nous ne voulons pas être alarmiste, nous voulons prévenir les dangers que l'incurie ou une confiance trop aveugle pourraient produire. La prudence indique d'enregistrer les hautes leçons providentielles, de ne pas fermer les yeux aux bords de l'abîme, et de songer aux bouleversements anarchiques qui viendraient se joindre aux horreurs de la disette, alors surtout que dans ces temps de crises fatales, tous les pouvoirs sont méconnus et les plus nobles instincts complètement démoralisés.

Dans une question de cette importance, capable de faire naître tant d'anxiété et de si douloureuses méditations, il est du devoir de tout bon citoyen d'émettre son avis, lorsqu'il le croit utile. Nous venons de formuler le nôtre : Puisse-t-il contribuer à atténuer le mal qui nous menace !

J.-A. TOUCAS,

Membre du Comice agricole et du Conseil de l'arrondissement de Toulon, ancien négociant.

Aiguilles-Toucas, le 27 mars 1847.

www.ingramcontent.com/pod-product-compliance
Lightning Source LLC
Chambersburg PA
CBHW061529040426
42450CB00008B/1860